VIE

ET BIENFAITS

DE

LA ROCHEFOUCAULD-LIANCOURT.

PARIS, IMPRIMERIE DE DECOURCHANT,
Rue d'Erfurth, n° 1, près de l'Abbaye.

VIE

ET BIENFAITS

DE

LA ROCHEFOUCAULD-LIANCOURT;

par

A. Prosper Faugère.

« Je crois avoir rempli tous mes devoirs
» et comme honnête homme et comme bon
» Français. »

(La Rochefoucauld-Liancourt.)

PARIS,

LEDOYEN, LIBRAIRE,

AU PALAIS-ROYAL;

DELOSSY, LIBRAIRE,

RUE DE TOURNON, 1.

—

1835

Le prix décerné par la Société Montyon et Francklin avait été proposé à l'auteur du meilleur ouvrage sur cet énoncé : « *La Vie et les Bienfaits de La Rochefoucauld-Liancourt racontés simplement en un livret destiné aux jeunes élèves des écoles primaires des villes et des campagnes.* »

Avant-Propos.

« Je me trouvais, sur la fin de l'automne dernier, dans un village de province, où je vais d'habitude passer les beaux jours de cette aimable saison.

» Dans une de ces soirées d'octobre qui commencent à devenir longues, mon hôte, pour varier mes distractions, m'offrit de m'introduire chez un de ses amis, vieillard respectable et instruit, qui réunissait autour de lui, deux fois la semaine, sa famille et quelques voisins : la veillée se passait en récits ou en lectures qu'on venait écouter avec empressement.

» Ancien capitaine de marine, ce vieillard avait beaucoup voyagé, vu et souffert, et sa longue expérience imprimait à ses paroles un accent d'autorité qui les faisait accueillir avec confiance.

» Assis dans un coin du foyer, il élevait sa tête blanchie, au milieu des femmes, des jeunes gens et des enfans disposés en cercle à côté de lui, et quand sa voix douce et grave se faisait entendre, tous les yeux étaient tournés sur ses lèvres, et la troupe attentive de ses auditeurs était silencieuse comme un seul homme. Il y avait quelque chose de biblique dans l'aspect de ce vieillard; et bien que, dans le cours de son existence laborieuse et agitée, il eût eu souvent à se plaindre des hommes, il n'en avait gardé contre eux aucun sentiment de malveillance, mais en avait tiré cette seule conséquence, qu'il faut s'efforcer de les rendre meilleurs.

» Tel était le principe qui animait tous ses discours, et quand il racontait les événemens bien divers de sa vie passée, il glissait légèrement sur le mal qu'on lui avait fait, et s'arrêtait avec complaisance au contraire sur les bonnes actions dont il avait été l'objet, l'occasion ou le témoin.

» Il aimait surtout à faire l'histoire des hommes bienfaisans; c'était à la fois pour lui l'occasion de rendre hommage à leur mémoire, et de les offrir en exemple à la jeunesse.

» C'est ainsi que, dans le petit nombre de soirées où j'ai assisté à ses entretiens, je lui ai entendu raconter la vie de La Rochefoucauld-Liancourt, qu'il avait connu, je crois, en Angleterre.

» Je désirerais qu'il me fût possible de reproduire mot pour mot sa narration, et alors je n'hésiterais pas à la proposer aux pères de famille et à tous ceux qui ont des enfans à instruire, comme un modèle de récit et un excellent livre de morale.

» Cependant je vais essayer de rassembler les souvenirs qui m'en sont restés. Je conserverai même la forme du récit; mais je ne me flatte pas d'avoir fait passer dans mon langage cette simplicité tour à tour spirituelle ou touchante, toujours piquante et grave, que j'ai admirée dans le sien. »

VIE

ET BIENFAITS

DE

LA ROCHEFOUCAULD-LIANCOURT (1).

Récit.

Mes chers amis, dit le vieillard, l'homme dont nous allons nous entretenir aujourd'hui a eu sur les personnages bienfaisans dont je vous ai déjà rapporté l'histoire, le rare avantage de pouvoir réaliser la plupart des pensées généreuses dont son cœur était rempli : il lui a été accordé une fortune assez grande et une longue vie. Nous pouvons, sans crainte d'importuner sa

(1) Un prix a été décerné à cette Notice par la Société Montyon et Francklin, dans sa séance générale tenue à l'Hôtel-de-Ville de Paris, le 1er février 1835. (*Voyez* le compte-rendu publié dans *l'Annuaire* de la Société, 1835, n° 1er.)

mémoire, lui demander compte de l'usage qu'il fit de l'une et de l'autre : vous verrez qu'il appartint à ce trop petit nombre d'hommes qui, pour le bonheur de leurs semblables, devraient rester toujours sur la terre.

La Rochefoucauld-Liancourt, né en 1747, et fils d'un grand dignitaire de la cour de Louis XV, appartenait à une des familles les plus anciennes de la noblesse française.

Trop souvent les hommes qu'environne l'éclat d'une généalogie ressemblent à ces tableaux où la somptuosité du cadre fait mieux ressortir la médiocrité de la peinture. Il n'en fut point ainsi du duc de Liancourt ; et si je vous parle de l'illustration de sa naissance, ce n'est pas qu'il y ait dans cette circonstance rien qui puisse ajouter à notre respect pour sa mémoire : elle peut se passer de cette recommandation. Grand par ses aïeux, il le fut bien davantage par ses vertus : la gloire de ses bonnes actions a fait oublier celle de ses titres ; mais le philantrope nous paraîtra plus vénérable encore, lorsque le rencontrant sous le toit des indigens, dans l'école du pauvre, dans les ateliers de l'industrie, ou parmi les prisonniers et les malades, nous nous rappellerons que celui qui se met ainsi en contact avec les haillons de la misère, qui aime si vivement les hommes de tous les rangs, qui est le frère de tous les malheureux et le protecteur de toutes les infortunes, est né dans un château, et s'est trouvé, dès son enfance, entouré de toutes les séductions du grand monde.

C'est qu'il y avait en lui un fonds inépuisable de

bonté : admirez avec moi, mes chers amis, cette merveilleuse action de la Providence, qui ne laisse jamais le monde privé de ces hommes précieux dont la destinée est d'éclairer ou de secourir leurs semblables. Dernièrement, je vous racontais les bienfaits accomplis par un prêtre, dans un siècle religieux, au nom de la charité la plus ardente que puisse inspirer l'amour de Dieu ; et aujourd'hui, je vous retrace ceux d'un gentilhomme qui, à une époque bien différente de celle de Vincent de Paule, a mérité une place à côté de ce bienfaiteur de l'humanité....... O vous qui avez fait du bien aux hommes, quelles que soient vos croyances, vos opinions et votre patrie, qui que vous soyez, recevez tous les bénédictions de notre reconnaissance !

Né, pour ainsi dire, au milieu d'une cour licencieuse et absorbée dans les fêtes et les plaisirs, La Rochefoucauld eut le bonheur de trouver dans sa famille les préceptes et les exemples d'une morale sévère. Grâce à sa première éducation, et surtout à l'excellente disposition dont il était doué, il sut éviter l'écueil où allaient se perdre alors tant de grands seigneurs : il sentit de bonne heure qu'il était destiné à quelque chose de mieux qu'à consumer son existence dans les passe-temps frivoles des courtisans.

Aussi, les coureurs d'aventures et les petits-maîtres le trouvèrent-ils peu de leur goût : quoique d'un caractère bon et facile, il leur parut trop sérieux, et le jeune La Rochefoucauld renonçait d'ailleurs volontiers à leur fréquentation, pour rechercher auprès des gens

instruits une conversation où son esprit juste et droit
trouvait un aliment plus solide.

C'est alors qu'âgé seulement de vingt et un ans, et
inspiré sans doute par le désir de voir une société moins
frivole que l'était celle de Versailles et de Paris à
cette époque, il fit le voyage d'Angleterre.

Malgré sa jeunesse, La Rochefoucauld avait parfaitement apprécié l'influence que l'industrie allait de
plus en plus excercer en France, et vous pensez bien
qu'avec son goût des choses utiles, il dut trouver en
Angleterre un ample sujet d'observations. L'ardeur
pratique des Anglais pour toutes les entreprises com-
merciales et industrielles, et les immenses résultats
qui en sont la suite, frappèrent vivement son attention.

Le premier et le plus essentiel de tous les arts, celui de l'agriculture, alors bien plus perfectionné en
Angleterre qu'en France, fut un des principaux objets
de ses études ; il visita les fermes anglaises, s'informa
avec soin des procédés qui y étaient en usage pour le
travail des champs, la production des pâturages et l'é-
ducation des bestiaux, et se mit en rapport avec plusieurs agronomes distingués.

Durant ce voyage, et dans plusieurs autres qu'il fit
plus tard en Angleterre, car il sentit le besoin d'étu-
dier ce pays à plusieurs reprises, il fut constamment
occupé à rechercher les moyens d'introduire en France
ces perfectionnemens qui, en simplifiant le travail des
arts et métiers, font diminuer le prix de leurs produits
et les mettent ainsi à la portée des plus petites fortunes.

L'officier de l'armée du roi, le grand seigneur de la

cour de France, passait une grande partie de ses journées au milieu des manufactures, à examiner les machines, à interroger les maîtres et les ouvriers ; et le soir, tandis que vous auriez cru le rencontrer dans les cercles brillans de Londres, il était occupé à écrire des notes sur les principaux détails qu'il avait remarqués.

Le caractère sérieux et appliqué du jeune La Rochefoucauld avait été mieux apprécié à Londres qu'à Versailles, et il emporta, en revenant en France, l'estime et l'amitié d'un grand nombre de personnages illustres d'Angleterre.

Son séjour dans ce pays n'avait fait que fortifier ses inclinations naturelles. Sa vocation était désormais fixée : travailler à accroître le bien-être de ses semblables, concourir à l'amélioration de toutes les institutions qui peuvent aboutir à ce résultat, surtout appeler les classes pauvres de la société à triompher de la misère par l'ordre et le travail, telle fut dès-lors la destinée à laquelle il est resté fidèle jusqu'à sa mort.

Ramené à la cour par la nécessité de sa position, il continua de se tenir en dehors de ce cercle d'intrigues et de désordres dont le trône était entouré. Alors que Louis XV, maîtrisé par les caprices d'une courtisane, l'avait en quelque sorte associée au pouvoir souverain, le jeune duc ne ploya point le genou devant l'idole, et jamais on ne le vit au milieu de ses adorateurs.

Lorsque l'ascendant de cette femme eut fait disgra-

cier le duc de Choiseul, premier ministre aussi dis-
tingué par son esprit que par l'élévation de son caractère, La Rochefoucauld, lié avec lui d'une étroite
amitié que sa disgrâce n'avait fait qu'accroître, se dé-
goûta tout-à-fait de la cour, et commença à employer
ses loisirs d'une manière plus digne de lui.

Le beau domaine de Liancourt qu'il possédait non
loin de Paris, dans le Beauvoisis, devint son séjour de
prédilection, et il s'occupa à y mettre en pratique les
améliorations agricoles qu'il avait observées en Angleterre.

Le système des jachères était alors universellement
suivi en France, et il en résultait un grand préjudice
pour l'agriculture. La Rochefoucauld fut le premier
qui essaya de faire disparaître ce grave inconvénient,
en établissant dans ses domaines des prairies artificiel-
les, genre de culture jusqu'alors inconnu parmi nous.
Il fit une autre innovation non moins utile, en appli-
quant à la nourriture des bestiaux les *turneps*, espèce
de navet qui, cultivée sur une grande échelle, fournit
un excellent pâturage pendant l'hiver.

En se livrant avec ardeur à des travaux de ce genre,
La Rochefoucauld n'était point guidé par la considéra-
tion d'un intérêt personnel, mais par le sentiment de
l'utilité générale : il n'avait pas de plus douce satisfaction que de communiquer à ses voisins et à ceux qui
venaient le visiter, les moyens de se procurer à eux-
mêmes les richesses dont il avait fait la conquête. Une
découverte n'avait de prix à ses yeux qu'autant qu'il
pouvait en faire jouir les autres. Il ne gardait pour lui

que le mérite et les frais de l'innovation, et quand elle avait réussi, il en abandonnait le profit à tout le monde. C'est ainsi, par exemple, qu'il concourut à améliorer diverses races de bestiaux en France, en faisant venir de Suisse et d'Angleterre des espèces plus belles et plus fécondes.

Mais ce n'étaient pas ses seules manières de faire le bien. Il avait une grande étendue de terres dépendant d'une seule exploitation : il les partagea en plusieurs lots qu'il afferma à autant de personnes de son voisinage. De la sorte, il trouva le moyen de mettre dans l'aisance des familles indigentes, et de se procurer une augmentation de revenus qui devint dans ses mains l'instrument d'un nouveau bienfait. Dans les bâtimens de l'exploitation devenus vacans, La Rochefoucauld fonda un établissement où les enfans des militaires vieux et infirmes étaient reçus gratuitement, et trouvaient dans l'étude des arts et métiers un moyen honorable et sûr de gagner leur vie. Le bienfaiteur prenait plaisir à surveiller et souvent à diriger lui-même les travaux de l'école ; il était là comme au milieu d'une famille adoptive : il prodiguait aux enfans des encouragemens paternels, et si quelqu'un d'entre eux montrait de la négligence dans ses devoirs : « Sou- » viens-toi, mon enfant, lui disait-il, que lorsque tu » sauras ton métier, ta fortune sera faite. »

Cette institution a eu la gloire de donner à la société des hommes honnêtes, utiles et laborieux, et de servir de modèle à une école du même genre que le roi Georges III fit établir en Angleterre ; enfin elle s'est perpétuée en donnant naissance aux écoles des arts et métiers qui existent à Châlons et à Angers.

A peine quelques années s'étaient écoulées, que le château de Liancourt était devenu pour tout le pays d'alentour le rendez-vous des malheureux qui avaient besoin d'assistance, et des agriculteurs et des artisans qui voulaient acquérir quelque lumière nouvelle sur leur industrie. La Rochefoucauld les accueillait constamment avec bonté, avait toujours quelque secours ou quelque conseil à leur donner, et jamais aucun des seigneurs ses ancêtres ne fut aimé et respecté comme lui.

Cependant Louis XVI était monté sur le trône : La Rochefoucauld, qui avait dès-lors reparu plus fréquemment à la cour, s'attacha à la personne d'un prince qui, comme lui, avait le cœur bon et désirait vivement le bien public. La Rochefoucauld devint bientôt l'ami de Louis XVI, et ne se permit jamais envers lui aucune de ces flatteries de courtisan qui cachent la vérité aux princes et font souvent le malheur des peuples. Il ne profita du crédit qu'il avait auprès du monarque que pour diriger ses vues vers l'encouragement du commerce et de l'industrie, et les réformes utiles au bien-être de la société.

Quand la révolution de 1789 arriva, il comprit ce qu'elle avait de légitime et de juste, et fut du petit nombre de ceux qui conseillèrent au roi d'en adopter franchement et courageusement les principes.

A cette époque, les députés de tous les ordres de la nation ayant été appelés à délibérer sur les mesures

qu'il y avait à prendre dans l'intérêt général, La Rochefoucauld fut choisi par la noblesse du bailliage de
Clermont, en Beauvoisis, pour la représenter dans
l'assemblée générale des Etats. Sa conduite, dans cette
assemblée, fut celle d'un homme qui aimait sincère-
ment le pays, le roi et la liberté.

La majorité des députés de la noblesse voulait for-
mer une assemblée à part, et marquer une ligne de sé-
paration entre elle et les députés du clergé et du peuple; La Rochefoucauld fut un des premiers à combattre
cette prétention et à soutenir que tous les députés étant
égaux, devaient délibérer en commun dans une assemblée unique. Il se prononça avec le même empressement pour l'abolition des titres honorifiques et des
priviléges dont la classe des nobles était alors investie
par le fait seul de la naissance; et il proposa de per-
pétuer, par une médaille, le souvenir de la nuit du
4 août, nuit mémorable où l'Assemblée nationale vota
cette abolition et sanctionna ainsi le grand principe
de l'égalité des citoyens (1).

Dès le 18 juillet 1789, ses collègues l'avaient appelé
à les présider, et La Rochefoucauld prouva bientôt
combien il était digne de cet honneur, en devenant un
des membres les plus assidus et les plus utiles de l'As-

(1) Deux ans après, chargé du commandement militaire de
la Normandie, il eut à écouter une harangue officielle, dans la
ville de Caen. L'interlocuteur débutait par ces mots : *Mon-
sieur le duc....* La Rochefoucauld l'interrompit avec vivacité,
en disant : *Il n'y a plus de duc !....* C'est un témoin même de
ce fait qui nous l'a rapporté.

semblée. Tous les travaux qui avaient pour objet d'adoucir la position des classes pauvres et d'améliorer le régime des prisons et des hôpitaux, furent pour lui une occasion naturelle d'employer sa bienfaisante activité, et de mettre à profit les études favorites de toute sa vie. Il était membre essentiel de toutes les commissions chargées d'examiner ces questions intéressantes et encore neuves d'économie sociale ; et presque toujours c'est à lui que fut confié le soin de développer et d'appuyer devant l'Assemblée les projets d'utilité publique adoptés par ces commissions.

Ses rapports sur l'extinction de la mendicité sont un monument de la sagesse de ses vues et de la bonté de son cœur. C'est à la suite de ces rapports que l'Assemblée nationale rendit les lois qui avaient pour but de faire disparaître le fléau du paupérisme, et notamment celles qui ouvraient des ateliers de travail et de secours pour les mendians, et accordaient un crédit de quinze millions pour activer dans tous les départemens les travaux publics en faveur des indigens.

Chargé de faire un rapport sur la situation des hôpitaux de Paris, il visita ces établissemens dans les plus minutieux détails, avec une patience et un zèle dont lui seul était capable.

C'est dans le cours de cette investigation, qu'il reconnut que la plupart de ces maisons avaient des cachots souterrains dont on se servait comme de prisons. Les malheureux que l'on jetait pêle-mêle dans ces lieux humides, où l'air et la lumière pénétraient à peine, y périssaient tristement, souvent même avant d'avoir été jugés. La Rochefoucauld fit part au roi de ces horribles détails, et n'eut pas de peine à lui faire partager son indignation : les cachots furent comblés sur-le-champ, et les hôpitaux cessèrent d'être détournés de leur bienfaisante destination.

Enfin, toutes les souffrances de la société trouvaient en lui un protecteur aussi éclairé qu'infatigable. De même qu'il avait fait décréter des moyens de travail pour les mendians capables d'en profiter, il s'occupa d'organiser un système de secours pour ceux qui ne pourraient pas travailler, et fit mettre aussi au rang des obligations de l'Etat l'entretien des enfans trouvés dont le sort était auparavant abandonné aux seuls secours de la charité privée. Il compléta ainsi l'œuvre de son illustre devancier Vincent de Paule.

Cependant il ne se contentait pas d'agir en sa qualité de législateur, et il continuait de mettre en pratique, dans la vie privée, les principes qu'il faisait prévaloir comme homme public. En même temps qu'il fixait l'attention du gouvernement et de l'Assemblée nationale sur la nécessité d'encourager les travaux de l'industrie et les entreprises du commerce, il avait ouvert à Liancourt de vastes ateliers, et donnait aux hommes possesseurs d'un grand nom et d'une grande fortune, un exemple de la nouvelle influence qu'ils devaient chercher à exercer sur la société.

Nous allons nous arrêter sur ce sujet : nous devancerons même le cours des événemens, afin d'embrasser d'un coup-d'œil les progrès des établissemens industriels fondés par La Rochefoucauld, et de réunir dans un seul tableau leurs heureux résultats.

C'est en 1789 qu'il établit à Rantigny une fabrique de bas, qui a beaucoup contribué à la prospérité de ce village.

L'année suivante, en 1790, La Rochefoucauld ouvrit à Liancourt une grande filature de coton et une fabrique de cardes. Il éprouvait une vive jouissance à compter le nombre d'ouvriers qui allaient y trouver un refuge contre le vice et la misère, et on voit qu'en organisant l'intérieur de ces établissemens, il était préoccupé de leur bien-être beaucoup plus que de son intérêt propre : il était industriel par philantropie.

Plus tard, dans un excellent travail publié en 1826, sur l'état de l'industrie dans le canton de Creil, il s'est plu à retracer l'heureuse influence exercée sur la population de ce canton, et en particulier de la commune de Liancourt, par ces manufactures et celles qui furent fondées ensuite à leur exemple.

Voici comment il s'exprime : « Le bien-être qu'ont répandu ces deux établissemens dans la commune de Liancourt et dans celles environnantes ne peut être révoqué en doute, puisque depuis vingt-deux ans ils versent annuellement de 110 à 120,000 fr. de salaire. »

« Voici l'état comparatif de la population de Liancourt à différentes époques : en 1795, huit cent dix âmes; en 1825, treize cent quinze. Soixante-dix maisons d'habitation ont été construites ou augmentées jusqu'à ce jour. »

Cet accroissement de population, comme le re-

marque encore La Rochefoucauld, tient en grande
partie à la facilité qu'avaient les habitans des environs
de trouver, en s'établissant à Liancourt, un travail
assuré pour eux et pour leurs enfans, et une instruction primaire bien suivie. Il est dû aussi à la vaccine,
autre bienfait dont La Rochefoucauld répandit les premiers fruits sur les lieux qu'il habitait.

Outre l'instruction primaire qu'il avait introduite
dans ses ateliers, et dont un maître spécial était chargé
de donner les élémens, il y avait attaché un médecin
qui soignait gratuitement les ouvriers malades, et était
chargé de veiller à la salubrité des lieux de travail.

Enfin, à une époque où rien de semblable n'existait
encore en France, il y avait établi une caisse d'épargne
où les ouvriers pouvaient verser une partie des fruits
de leur travail, et recourir ensuite en cas de maladie,
ou pour faire l'acquisition de quelque propriété.

La Rochefoucauld voyait ainsi autour de lui une
heureuse application de sa maxime favorite : qu'il faut
combattre le vice et la misère par l'instruction et le
travail; et en parlant de ce canton de Creil, où le premier il avait donné une si puissante impulsion à ces
deux moyens de prospérité publique, il disait :

« Le canton contribuera ainsi à répondre aux
reproches que la malveillance, les préjugés et l'i-
gnorance adressent quelquefois à l'industrie, qu'ils
dénoncent comme une source de désordre et de cor-
ruption dans les mœurs. Il y répondra en ouvrant ses
ateliers. Le critique le plus amer y trouvera les ouvriers soumis, laborieux, assidus; il en verra l'ivro-

gnerie presque entièrement proscrite....... Partout il verra une réciprocité de bienveillance établie entre les maîtres et les ouvriers, et il pourra, s'il veut consulter les autorités civiles et religieuses, apprendre d'elles que l'introduction de l'industrie dans leurs communes a apporté dans les mœurs une amélioration qui devient chaque jour plus sensible. »

Mais il nous faut revenir sur nos pas et reprendre notre récit de plus haut. La révolution, de grande et généreuse qu'elle était d'abord, était devenue menaçante et terrible, et le peuple, trop peu éclairé pour distinguer ses vrais amis de ceux qui l'avaient trompé, fit peser sur la tête de tous les nobles et grands une impitoyable proscription. La tête du bienfaiteur de l'humanité fut mise à prix comme les autres, et pour échapper à l'échafaud, La Rochefoucauld fut obligé de quitter la France.

Un de ses derniers actes à l'Assemblée constituante avait été d'élever la voix pour la défense de Louis XVI, et de s'opposer courageusement à des mesures qui lui paraissaient non moins fatales à la liberté du pays qu'à celle du roi. A la dissolution de cette assemblée, il avait été chargé, comme lieutenant-général, du commandement de la Normandie et de la Picardie, et par l'influence de son caractère personnel avait maintenu une tranquillité parfaite dans ces provinces. Aussi, quand il apprit que les jours du roi étaient menacés, il l'engagea à se retirer en Normandie, au milieu des troupes qu'il commandait : son but n'était pas de faire un essai de guerre civile ; il avait à cœur seulement de faciliter le salut de Louis XVI. Celui-ci n'accepta pas ; mais La Rochefoucauld eut bientôt la satisfaction de rendre un autre service à un prince auquel il était vivement attaché, en mettant à sa disposition une somme de cent cinquante mille francs, secours immense, dans la pénurie où se trouvait alors un roi naguère le plus puissant de la terre.

Cependant cette somme était l'unique ressource dont La Rochefoucauld pût alors disposer pour lui-même, et contraint, sous peine de la vie, de passer précipitamment en Angleterre, il se trouva au bord de la mer, errant, sans asile, et n'ayant pas même les moyens de s'expatrier. C'est dans cette désespérante conjoncture qu'un homme auquel il avait rendu de nombreux services, vint à son secours et lui procura une barque pour le conduire hors de France.

Long-temps après, alors que La Rochefoucauld était rentré en France, un homme en habits de pêcheur venait s'asseoir quelquefois à sa table et causer familièrement et amicalement avec lui : cet homme était celui qui avait reçu le duc dans sa barque, et lui avait dit chemin faisant et lui sauvant la vie : « Ces actions-là portent toujours bonheur. » Bonne sentence dont le pêcheur et le duc vérifiaient également la justesse !

Retiré dans une province d'Angleterre, La Rochefoucauld y vivait modestement, consacrant une grande partie de ses loisirs à des études agricoles, quand il apprit la mise en jugement de Louis XVI. Il se hâta d'écrire au président de la Convention nationale, deman-

dant la permission de venir devant cette assemblée
prêter l'appui de son témoignage au roi dont il était
l'ami. Cette déposition eût été probablement payée de
sa vie ; toutefois, sa lettre étant restée sans réponse, il
envoya à Malesherbes, défenseur du roi, et fit imprimer
et distribuer en France un écrit dans lequel il révé-
lait tout ce qu'une longue intimité lui avait appris
sur les bonnes intentions et les projets généreux de
Louis XVI.

Mais il eut la douleur d'apprendre que le roi et la
monarchie avaient succombé. La tristesse et l'inaction
de son exil lui devinrent insupportables, et en atten-
dant des jours meilleurs et plus calmes, il résolut de
faire un voyage aux États-Unis. Deux de ses amis
réalisèrent et lui firent passer quelques ressources qu'il
avait encore en France, et il partit pour un pays qui,
loin des commotions de l'Europe, livrait à ses investi-
gations un grand nombre d'institutions utiles, et lui
offrait le spectacle du peuple le plus libre et le plus
laborieux du monde.

Rien n'était plus fait pour captiver l'attention du
voyageur : le pays, les hommes, le gouvernement, tout
était nouveau et tout devint l'objet de ses recherches
les plus détaillées. Parcourir le pays en tous sens, interroger le cultivateur, le commerçant, l'administra-
teur et l'homme du peuple, observer sans cesse et
prendre des notes sur tous les sujets, telles furent les
occupations de La Rochefoucauld, durant les quatre
ans qu'il passa en Amérique.

Ainsi, tandis que d'autres exilés comme lui allaient

auprès de tous les rois de l'Europe demander vengeance contre leur pays, La Rochefoucauld lui rendait le bien pour le mal, et faisait tourner à son profit les loisirs de la proscription.

« Il est en moi, écrivait-il du fond de son exil, il » est profondément en moi de préférer garder toute » ma vie mon état de banni et de pauvre diable, à me » voir rappeler dans mon pays et dans mes biens par » l'influence des puissances étrangères. » Nobles paroles qui étaient la sincère expression de ses sentimens !

A son retour en France, en 1799, il publia dans un ouvrage anonyme celles de ses observations qu'il jugea de nature à faire connaître les États-Unis et à être utiles à la France.

Le régime adopté dans les prisons de Philadelphie l'avait particulièrement occupé, et il indiqua les principes de son organisation dans un ouvrage à part, qui, au mérite d'avoir le premier fait connaître le système des prisons des États-Unis, a joint celui plus rare d'avoir ouvert les réformes qui ont successivement amélioré les prisons de France.

Mais La Rochefoucauld rapportait avec lui de son exil une conquête bien autrement précieuse pour son pays. Si, depuis bien des années, le terrible fléau de la petite vérole a cessé de ravager notre population, si beaucoup d'entre nous ne sommes pas défigurés ou avons conservé la vie, c'est à lui que nous le devons.

La France commençait enfin à avoir un gouvernement régulier, et La Rochefoucauld, ne pouvant plus résister au bonheur de revoir sa patrie, s'embarqua pour l'Angleterre. Le docteur anglais Jenner venait de découvrir la vaccine. Cette invention n'échappa point au philantrope français, et il la prit en passant pour en faire cadeau à son pays. Il avait hâte de se retrouver en France : il arriva à Paris avant même que Napoléon eût décrété l'amnistie des émigrés, et c'est du fond de la retraite où il était caché qu'il organisa les premiers essais de vaccine tentés en France. Les biens qui lui restaient étant encore confisqués, il fut obligé d'emprunter pour faire cette bonne œuvre. Bientôt il put agir au grand jour ; l'interdit qui frappait sur sa personne et sur ses biens fut levé, et dès-lors il reprit cette carrière d'actions utiles et bienfaisantes qui ne devait finir qu'avec sa vie.

Il aurait pu, comme tant d'autres hommes de l'ancienne noblesse, devenir le courtisan du premier consul, et acquérir facilement des honneurs et de la fortune : il ne se servit des avantages de sa position que pour rendre plus efficaces les efforts de son infatigable bienfaisance.

Un de ses premiers soins fut de réorganiser ses manufactures de Liancourt, qui, confiées à des mains étrangères durant son exil, étaient dans un état peu prospère. Il les releva en y introduisant des améliorations nouvelles, et nous avons déjà vu quels en ont été les heureux fruits.

Quant à l'école qu'il avait fondée pour l'instruction des fils des vieux soldats, son utilité l'avait fait survivre à la proscription de son fondateur : elle était devenue école nationale, et Napoléon l'ayant transportée à Compiègne, et plus tard à Châlons, en confia la surveillance à celui à qui elle revenait de droit : La Rochefoucauld en devint inspecteur général, et pendant vingt-trois ans les élèves n'ont cessé de trouver auprès de lui l'appui d'une bienveillance paternelle qui les accompagnait même après qu'ils étaient sortis de l'école.

Appelé à la même époque à faire partie des conseils des manufactures et de celui d'agriculture, il ne se contentait pas d'y apporter le tribut de son expérience et de ses observations ; mais il avait coutume de faire essayer à ses frais les innovations qu'il croyait profitables, et il combattait les mauvaises routines par l'autorité de son propre exemple.

En même temps il avait ouvert une souscription et formé un comité pour la propagation de la vaccine, et grâce au zèle actif qu'il déployait pour vaincre les préjugés populaires, une foule d'enfans recevaient le bienfait de l'inoculation.

Ces soins ne l'absorbaient pas tout entier. Sa vigilance n'avait pas plus de bornes que les misères au soulagement desquelles il s'était dévoué. Il avait souvent eu occasion de remarquer que les hospices, si vastes qu'ils soient, sont loin de pouvoir admettre tous les indigens malades : il savait d'ailleurs qu'il en est beaucoup parmi ceux-ci qui, par suite des habitudes de leur condition, ou pour ne point se séparer de leur famille, ont une répugnance invincible à entrer dans les hospices, et préfèrent mourir chez eux faute de soins suffisans : c'est principalement pour eux que La Rochefoucauld créa l'établissement des *dispensaires,* dont l'objet est de distribuer des soins et des secours au domicile du pauvre.

Le soulagement des classes pauvres a été, du reste, une des sollicitudes de sa vie entière. Il était encore en exil quand un ouvrage extrait d'un travail plus volumineux, publié en Angleterre, et dont le but était de faire connaître à la fois les avantages et les inconvéniens du système suivi par la législation anglaise à l'égard des pauvres, fut imprimé en France ; ce livre portait le nom de La Rochefoucauld-Liancourt : un ami auquel il l'avait confié avait cru devoir l'y ajouter. Homme bienfaisant avant d'être écrivain, il ne rechercha jamais d'autre gloire que celle d'être utile, et ses écrits même doivent être mis au rang de ses bonnes actions.

Lorsque le règne de Louis XVIII eut définitivement succédé à celui de Napoléon, La Rochefoucauld, qui s'était acquis par ses bienfaits une position plus élevée que toutes celles que peuvent donner les titres et les honneurs, se trouva, en sa qualité de duc et pair, naturellement ramené dans la vie publique. A la Chambre des pairs, comme autrefois à l'Assemblée constituante, il ne suivit d'autre inspiration que celle de sa conscience et du bien public.

Les autres fonctions dont il était investi étaient de celles qui tentent peu les courtisans et les ambitieux ; tout ce que demandait La Rochefoucauld du gouvernement nouveau, c'était qu'on lui laissât remplir les devoirs gratuits et de jour en jour plus nombreux que s'imposait ou qu'acceptait son zèle. Cette faveur qu'on lui retira plus tard lui fut alors accordée, et aux fonctions qu'il exerçait depuis sa rentrée en France, il joignit successivement celles de directeur d'une maison de détention destinée à recevoir les jeunes condamnés, qui, auparavant, étaient le plus souvent confondus pêle-mêle avec les autres prisonniers ; d'inspecteur général du Conservatoire des arts et métiers ; de censeur de la Société d'encouragement pour l'industrie nationale ; de président de la Société pour l'instruction mutuelle et élémentaire ; de directeur de la caisse d'épargne et de prévoyance ; de président de l'administration des hôpitaux ; de membre de la Société pour l'amélioration des prisons, et de celle formée pour introduire en Russie l'enseignement mutuel ; de président du conseil de perfectionnement du Conservatoire, etc.

Telles étaient les occupations qui remplissaient la vie de La Rochefoucauld ; en sorte qu'il n'y avait dans son existence aucun jour, aucun moment perdu pour le bien public.

Il avait donné à son pays le bienfait de la vaccine ; c'est avec la même persévérance, le même dévoûment pour le peuple qu'il employa ses efforts et sa fortune à la propagation d'un autre bien non moins précieux : celui de l'instruction primaire, qui sauve l'homme de la dégradation morale, comme la vaccine garantit de celle du corps. En 1815, il fit connaître le système d'instruction de Lancaster, et publia un recueil où étaient indiquées toutes les améliorations et les méthodes pratiquées dans les écoles d'Angleterre. Ce système, qui n'est autre que celui de l'enseignement mutuel, rencontra d'abord en France de nombreux obstacles, et si les enfans des pauvres y trouvent aujourd'hui un moyen de plus d'apprendre rapidement les premiers élémens de l'instruction, leur reconnaissance doit s'adresser surtout à la mémoire de La Rochefoucauld.

J'ai eu souvent occasion de vous le dire, mes chers amis; il semble que ce soit la destinée des hommes bons et généreux d'être persécutés par les méchans. Il manquerait quelque chose à leur gloire, si l'injustice des hommes ne venait contraster avec leur vertu et manifester avec plus d'éclat leur persévérance à faire le bien. N'eussiez-vous pas cru cependant que celui qui n'écrivait pas une ligne et ne faisait pas une action qui ne fût dirigée vers l'utilité publique, eût dû jouir en paix du droit de répandre des bienfaits, et conserver au milieu des haines et des luttes des partis, une sorte d'inviolabilité? Eh bien! il n'en fut point ainsi.

Le gouvernement de la France se trouva confié à des hommes qui répugnaient à ce que l'on instruisît le peuple, qui ne voulaient pas être contrariés dans leurs imprudens desseins contre les libertés du pays, et aux yeux desquels l'indépendance des fonctionnaires, même gratuits, était un crime. Sur la fin de sa carrière La Rochefoucauld fut en butte aux persécutions de ces hommes, et se vit privé, en 1823, des fonctions que cumulait sa bienfaisance. Une seule avait été oubliée dans l'ordonnance du ministre, et l'illustre disgracié lui écrivit ces paroles si parfaitement ironiques dans leur noble simplicité : « Je ne sais comment les fonc- » tions de président du comité pour la propagation de » la vaccine, que j'ai introduite en France en 1800, » ont pu échapper à Votre Excellence, à laquelle je » me fais un devoir de les rappeler. » Cet oubli fut bientôt réparé : le ministre se surpassa lui-même, et destitua ingénieusement le président par la suppression du comité.

Heureusement il n'était pas au pouvoir des hommes de faire rentrer dans l'inaction le génie bienfaisant de La Rochefoucauld. Sa douleur fut vive et profonde de se voir privé de tant de moyens d'être utile, mais il continua le cours de ces bonnes actions qui ont d'autant plus de mérite qu'elles s'accomplissent sans que le monde les connaisse, et n'ont d'autre récompense que le témoignage d'une bonne conscience.

Les bienfaits de ce genre ont été innombrables dans la carrière de La Rochefoucauld, car aucun homme ne pratiqua plus que lui l'application de ses principes, et une de ses maximes était, qu'*on n'a jamais fait assez, quand on n'a fait que son devoir.* Que de traits admirables et touchans j'aurais à vous raconter s'il eût moins dédaigné tout ce qui semblait de l'ostentation et du bruit! Sa mort en a révélé quelques-uns; les autres l'ont suivi par-delà la tombe, après avoir répandu sur ses derniers momens la douce sérénité des bons souvenirs.

En vous parlant de son séjour en Angleterre, j'ai oublié de vous faire connaître un de ces actes que l'on admirerait davantage dans tout autre que dans La Rochefoucauld, mais qui paraît tout simple et tout ordinaire quand il s'agit de lui.

De retour de son voyage aux Etats-Unis, il apprit qu'un legs de quelques centaines de mille francs lui était échu. Une vieille demoiselle, riche et bienfaisante, qui faisait partie de la société que fréquenta La Rochefoucauld durant son exil dans une province de l'Angleterre, avait cru ne pouvoir mieux disposer de sa fortune qu'en remettant à cet homme excellent le soin d'en faire usage quand elle ne serait plus. La Rochefoucauld, alors presque sans ressources, fit rechercher les parens éloignés qu'avait laissés cette dame, et de tout l'héritage il ne garda qu'un shelling, comme pour ne pas tout-à-fait effacer la trace du bien qu'on avait voulu lui faire.

. Quoiqu'on lui eût ôté les fonctions d'inspecteur général de l'école de Châlons, il n'avait pas cessé d'en être le protecteur, et les élèves de cette école étaient toujours sûrs de son appui paternel.

Plusieurs d'entre eux ayant été arrêtés à la suite de quelques troubles, dont on fit une affaire politique, La Rochefoucauld leur envoya secrètement dans leur prison tous les secours dont ils avaient besoin. Quoiqu'il eut alors près de quatre-vingts ans, il n'épargna aucun soin, aucune démarche pour les arracher à la condamnation dont ils étaient menacés. Il avait fait choix lui-même de l'avocat qui devait les défendre, et dans une des lettres qu'il lui écrivait à ce sujet, il lui disait : « Je vous demande en grâce que mon nom ne » soit pas prononcé. D'abord, il serait absolument pos- » sible qu'il nuisît au succès que nous voulons obtenir, » et puis j'ai une répugnance invincible pour les éloges » publics. Je cherche à remplir mes devoirs dans » toutes les positions, et j'ai assez du témoignage de » ma conscience. C'est, encore une fois, bien sincère- » ment que je vous conjure de ne pas parler de moi. » Son désir fut respecté ; son bienfait n'a été divulgué qu'après sa mort.

Cet inévitable et dernier événement de la vie fut supporté par La Rochefoucauld avec le calme d'un homme qui a vécu en faisant le bien. « Il faut, dit-il dans ce moment suprême, que tout se passe le plus naturellement. »

Il s'est éteint à l'âge de quatre-vingts ans passés, jouissant encore de toutes ces pensées de bien public qui avaient été la préoccupation de sa vie en- tière. Autour de lui étaient les membres de sa famille, des personnes dont la présence lui rappelait des bien- faits rendus, et l'évêque de Beauvais, M. Feutrier, dont la piété tolérante se rapprochait beaucoup des opinions religieuses de l'illustre philantrope. La cha- rité du prélat et la bienfaisance du duc devaient faci- lement s'entendre, car l'une et l'autre ne sont, sous des noms différens, que l'application et l'expression la plus vivante du sentiment religieux. « Plus on est honnête homme, disait alors La Rochefoucauld, plus on est religieux ; mais on garde sa foi pour soi, on est indulgent pour les autres. »

La Rochefoucauld appartenait naturellement, pour ainsi dire, au christianisme ; il en adoptait les grandes vérités morales, quoiqu'il regardât comme inutiles plusieurs des pratiques du culte extérieur. Sous ce rapport, il paraissait quelquefois incliner vers les doctrines protestantes : « Je suis d'accord sur le fond, mais non pas sur la forme, » dit-il encore peu de temps avant de mourir.

La mort de La Rochefoucauld excita des regrets universels, et ses funérailles furent honorées par une foule immense que la reconnaissance avait seule recrutée.

Pourquoi faut-il que cette magnifique manifestation de la douleur publique ait été troublée par l'intervention même de l'autorité qui n'aurait dû y paraître que pour l'honorer et la protéger? On est honteux de le dire : les hommes qui avaient affligé les dernières années de La Rochefoucauld gardèrent rancune même à son cercueil.

Le cortége sortait de l'église dans le recueillement et le silence, et les anciens élèves de l'école de Châlons avaient pieusement chargé sur leurs épaules les dépouilles mortelles de leur bienfaiteur, quand un ordre, appuyé de la force armée, vint leur enjoindre de replacer sur le char funéraire ce précieux fardeau. Les jeunes gens, justement indignés d'une violence qui les empêchait d'accomplir ce qu'ils regardaient comme un devoir sacré, n'y obéirent pas sur-le-champ; une lutte s'engagea, et la plus révoltante profanation fut consommée..... On vit avec stupeur le cercueil gisant dans la rue, à moitié brisé. Les anciens eussent considéré un événement semblable comme le présage de quelque grande catastrophe pour ceux qui l'avaient si malheureusement provoqué : sans nul doute, ils y auraient lu la chute arrivée trois ans plus tard du gouvernement qui n'avait pas su respecter de si grandes funérailles.

Toutefois, le jour de la sépulture est le jour d'épreuve pour les bons comme pour les méchans. Les uns et les autres sont alors jugés d'après leurs œuvres.

La Rochefoucauld l'a été selon les siennes, et dans ce moment solennel sa mémoire a été consacrée par le deuil et la reconnaissance publique. Son convoi funèbre a été suivi par des hommes de tous les rangs. Opulens et pauvres, personnages illustres et hommes du peuple, hommes de lettres et ouvriers, savans et industriels, tous, grands et petits, ont servi de cortége à son cercueil. Les anciens élèves de l'école de Châlons ont demandé en pleurant l'honneur de le porter, et les habitans du village de Liancourt ont rendu le même hommage à leur bienfaiteur, dont la cendre vénérée repose au milieu d'eux.

Ici, le vieux narrateur termina son récit, et, après s'être arrêté un instant et avoir promené un regard silencieux sur son auditoire, il ajouta encore la réflexion suivante :

Tel fut La Rochefoucauld-Liancourt. Son nom se rattache à toutes les institutions utiles que notre siècle a vues naître, et qui pour la plupart ont dû leur origine à sa généreuse initiative. C'est un des modèles de philantropie les plus parfaits et les plus difficiles à imiter que l'on puisse offrir à l'émulation des hommes. Il y en a beaucoup qui sont bienfaisans par momens; le plus souvent, en quelque sorte, par hasard ; La Rochefoucauld l'était toujours : c'était l'effet d'un sentiment profond qui entretenait constamment en lui le besoin et la volonté de faire le bien. S'il ne le manifestait pas plus fréquemment encore, c'est que les moyens ou les occasions pour le faire lui manquaient. Aussi ses contemporains lui ont donné justement, et la postérité lui conservera le titre de *bienfaisant*.

fin